QUINZE JOURS A ROME.

(3-18 avril 1868).

SOUVENIRS ET IMPRESSIONS.

Que n'a-t-on pas dit, que n'a-t-on pas écrit sur Rome! Combien de voyageurs ont communiqué leurs impressions sur les beautés et les grandeurs religieuses et artistiques de cette ville incomparable! Aussi la pensée de livrer ces pages, écrites d'abord comme simples notes et à titre de souvenirs, m'a-t-elle trouvée longtemps hésitante; j'ai dû céder à de bienveillantes sollicitations. Je parlerai surtout de Rome chrétienne.

Le 1er avril au matin, je montais à Notre-Dame-de-la-Garde, pour me mettre sous la protection de l'*Étoile des Mers* et lui demander de favoriser ma traversée sur la Méditerranée, et me permettre ainsi d'arriver à bon port à Civita-Vecchia et de là à Rome, but de mon pèlerinage. Le soir même, à huit heures, je m'embarquais sur la *Saintonge*, capitaine Aubert, paquebot des Messageries Impériales. Le temps était magnifique; la lune nous envoyait ses plus doux rayons; et, poussés par une brise légère, nous fendions les flots sans secousse et comme portés sur les eaux tranquilles d'un lac. La journée ne fut pas moins belle que la nuit, et, après trente-six heures de marche, nous touchions Civita-Vecchia. Un heureux incident a marqué notre arrivée sur la terre d'Italie. Le comte de Trani, frère du roi de Naples, s'était embarqué avec nous à Marseille; François II était venu l'attendre à Civita. Le chef de gare nous prévient qu'un train spécial va s'organiser pour la famille de Naples et que nous n'avons qu'à demander au Roi l'autorisation de partir avec lui, pour ne pas attendre de trop longues heures à Civita. C'est ce que nous nous empressons de faire. François II nous accueille avec grâce et politesse, nous donne cordialement l'autorisation de le suivre, nous parle de Rome et des jouissances qui nous y attendent. Nous sommes charmés de sa bonté, de sa douceur, de la simplicité de ses manières ; sa personne est sympathique ; et nous n'oublierons jamais que, l'ayant rencontré depuis dans les rues de Rome, il nous a salués avec une grâce parfaite, comme quelqu'un qui se souvient.

Cette rencontre inattendue nous permet donc de partir à onze heures du matin, et à deux heures, nous entrions dans Rome. Peu à peu, nous avions laissé la mer à droite, pour gagner la campagne romaine, déserte, inculte, mais très-mouvementée. De tous côtés, ce sont des prairies où paissent de nombreux troupeaux de bœufs gris aux longues cornes, de chevaux en liberté et de moutons effrayés à notre passage. C'est à peine si, de temps en temps, quelque vieux pâtre, vêtu de peau de bête et appuyé sur son long bâton, vient attester que le troupeau n'est pas livré à lui-même.

Il y a quelque déception pour le voyageur qui arrive à Rome par le chemin de fer : la gare est basse, humide ; les *facchini* vous accablent de leurs offres de service ; c'est un pêle-mêle de bagages dans lequel tout est confondu. Enfin nous parvenons à retrouver nos colis qui sont juchés sur un fiacre, et bientôt nous brûlons le pavé jusqu'à l'hôtel de la Minerve. Mais, ô déception ! point de place ! Il faut s'adresser à une maison particulière, comme c'est l'usage à Rome, et nous traitons avec la signora Marzi, *via* Monterone, 14, moyennant douze francs par jour. Nous nous installons de notre mieux, et nous ne tardons pas à courir les rues pour remettre nos lettres de recommandation.

Nous nous présentons d'abord chez Mgr Level, Supérieur de la Maison de Saint-Louis des Français, attenante à l'église de ce nom. Il nous accueille très-courtoisement et nous donne les indications nécessaires pour nous procurer des billets pour les cérémonies de la Semaine Sainte ; il nous propose d'apostiller notre demande à Mgr Ricci, maître de chambre de Sa Sainteté, pour obtenir une audience du Saint-Père.

Nous nous dirigeons de là vers le Corso, la plus longue rue de Rome et la plus animée ; c'est le *boulevard des Italiens* des Romains : d'élégantes calèches la sillonnent en tous sens ; nous avons déjà une idée des contrastes qui frappent l'œil à chaque instant : grand mouvement d'un côté, solitude affreuse de l'autre ; et comme partout le luxe à côté de la misère. En suivant le Corso, nous arrivons jusqu'au mont Pincio, transformé en promenade charmante, très-accidentée, et d'où l'on jouit d'un des plus beaux panoramas de Rome. Nous prenons de ces hauteurs une vue d'ensemble de la ville éternelle, parsemée de ruines et de monuments qui s'étendent autour de nous dans des directions très-opposées; la coupole de Saint-Pierre se dessine admirablement sous les derniers rayons du soleil couchant, et nous saluons de loin la demeure du premier Pontife du monde.

Samedi 4 avril.

L'Ambassade française nous procure des billets de Semaine Sainte. Nous voyons aussi les Jésuites sur la place du *Gesu;* ils se mettent à notre disposition pour tout ce qui peut nous être utile et agréable. Leur concours nous est précieux; le jeune P. Roucas surtout, dont l'érudition précoce nous guide constamment, ne saurait être oublié.

Je fais la connaissance de lady Stowne, près de laquelle je suis introduite par une lettre de recommandation d'un de ses amis. Je suis ravie de ce caractère chevaleresque, de ce dévouement absolu à la cause de l'Église et de ceux qui la servent. Lady Stowne est une femme douée d'une grande énergie qui n'a d'égale que la bonté de son cœur. Elle s'est constituée la sœur des zouaves et leur donne de vrais soins maternels. Elle a vécu dans les ambulances, aux jours de combat, parcourant les champs de bataille pour secourir les blessés, reconnaître les morts et recueillir un souvenir pour leur famille. Plus d'un brave lui doit la santé et la vie: aussi de quelle respectueuse affection n'est-elle pas entourée! C'est une héroïne digne d'admiration, et je ne regrettais, en la voyant, qu'une chose : c'est qu'elle ne fût pas ma compatriote. Un jour, elle fut prise par les garibaldiens et ne dut sa délivrance ainsi que celle des prisonniers qui étaient avec elle, qu'à la force de son caractère et à son énergique volonté. Voilà une femme digne de vivre sous le règne persécuté de Pie IX!

Dimanche 5.

Jour de bonheur, puisque nous devons voir le Saint-Père pour la première fois! Aussi, dès sept heures du matin, sommes-nous installées dans une des tribunes réservées de Saint-Pierre. En entrant dans cette magnifique basilique, dont l'ensemble me frappe d'admiration, ma première pensée est d'aller me prosterner sur le tombeau du chef des Apôtres, appelé la *Confession de saint Pierre*, et où brillent cent quarante-deux lampes toujours allumées. Voilà donc, d'une part, la base et le fondement de l'Église; et de l'autre, celui qui perpétue cette grande hiérarchie des Papes va bientôt apparaître. En effet, à l'instant la musique se fait entendre dans le lointain; peu à peu les sons se rapprochent, se cadençant sur la mesure d'une marche; la garde palatine vient se masser dans la nef du milieu pour maintenir le passage libre à l'auguste cortége qui va le parcourir. Il arrive lentement, formé par tous les dignitaires de la cour romaine, Évêques, Cardinaux, Prélats, Généraux d'ordre, — tous les représentants du Corps diplomatique, en grand costume, — la famille royale de Naples, composée de François II et de ses trois frères, — enfin le grand, l'immortel Pie IX, revêtu des habits pontificaux, la tiare sur la tête, porté sur la *sedia gestatoria*, entouré des éventails symboliques en plumes blanches, et bénissant à droite et à gauche la foule prosternée. Quel moment d'émotion, et comme cette première vue du Saint-Père, apparaissant au milieu des splendeurs du culte, inspire un profond attendrissement! Pie IX a le visage souriant, l'air calme et serein; la sainteté de son âme rayonne dans son regard. C'est bien le digne représentant de Jésus-Christ sur la terre. Quelle âme d'élite, et quelles communications intimes ne doit-elle pas avoir avec Dieu! Sa bénédiction doit porter bonheur à ceux qui la reçoivent.

Enfin la cérémonie commence. Le Saint-Père bénit les palmes et les distribue lui-même au Sacré Collége et à l'assistance d'honneur dans l'ordre hiérarchique; en les recevant, chacun baise la main, le genou ou le pied, suivant son rang; c'est un Cardinal qui officie pendant la grand'messe. Lorsqu'elle est terminée, le même cortége se remet en marche à travers la grande nef et reconduit triomphalement le Pape au Vatican. Chacun se retire et la place Saint-Pierre présente alors un coup-d'œil féerique; une foule animée se disperse en tous sens; de nombreux équipages, rangés tout autour des colonnades, se pressent pour s'élancer ensuite à toute vitesse vers le pont Saint-Ange. Les voitures des Cardinaux se distinguent entre toutes par leur forme lourde et antique, et l'aspect étrange des livrées qui datent du moyen âge; celles des Sénateurs, tout en rouge, ne manquent pas d'originalité. Un beau soleil éclaire cette fête qui attire dans les rues toute la population romaine.

L'après-midi, nous prenons une voiture sur la place de la Minerve, pour nous rendre à Saint-Jean-de-Latran. Avant d'entrer dans l'église, nous examinons d'abord la façade principale, décorée par quatre colonnes surmontées d'une balustrade sur laquelle sont placées des statues colossales de différents saints, avec celle de Notre-Seigneur au milieu. Entre les colonnes on voit cinq balcons, et c'est de celui du milieu que le Saint-Père donne la bénédiction pontificale, le jour de l'Ascension. On entre alors dans un grand portique à cinq portes au fond duquel est la statue colossale de Constantin, fondateur de l'église elle-même. On a en face la grande porte en bronze qui donne entrée à l'église, et on laisse à droite la porte murée qui est appelée Sainte, parce qu'elle ne s'ouvre que de la main des Papes, tous les vingt-cinq ans, l'année du Jubilé.

L'intérieur de l'église est composé de cinq nefs; on voit dans celle du milieu la statue des douze Apôtres placés dans des niches décorées de colonnes de vert antique. Au-dessus des croisées sont peints les Prophètes, et d'un côté, les figures de l'Ancien Testament relatives au Messie, tandis que de l'autre, ce sont les faits de l'Évangile qui en sont l'accomplissement : ainsi dans cette suite admirable de peintures apparaît le plan complet de la Religion.

Le maître-autel, placé au centre, est orné de quatre colonnes de granit soutenant un tabernacle gothique, où l'on conserve dans des reliquaires d'or les têtes des saints Apôtres Pierre et Paul. Deux fois l'année, elles sont exposées à la vénération des fidèles. J'ai eu le bonheur de me trouver à Rome un de ces jours : c'était le Samedi Saint. Sous le maître-autel se trouve le premier autel sur lequel saint Pierre célébra les saints mystères; il fut tiré des Catacombes par le Pape saint Sylvestre.

On admire dans la chapelle du Saint-Sacrement un riche tabernacle formé de pierres précieuses, entouré de deux anges en bronze doré et de quatre colonnes de vert antique. Cette chapelle possède la table de la Cène, sur laquelle Notre-Seigneur institua la sainte Eucharistie; mais nous n'avons pu que constater sa présence sans la voir de près. A côté et presque caché par une grille, on voit le chœur du Chapitre, où l'on conserve la stalle des rois de France, qui sont de tradition chanoines de Saint-Jean-de-Latran.

La chapelle Corsini est une des plus belles par ses marbres et ses statues; elle fut élevée par Clément XII à la mémoire de saint André Corsini, un de ses ancêtres. Dans la crypte où sont les tombeaux de la famille Corsini, on admire une *Pietà* du Bernin, très-appréciée des artistes. Les trésors de la sacristie ne nous ont pas été ouverts; mais ils renferment un nombre infini de reliques que l'on conserve religieusement.

En sortant de l'église par la porte principale, on voit, à gauche, un monument modeste d'apparence, mais qui abrite la *Scala santa* ou le saint escalier. C'est à genoux que l'on monte ces vingt-huit marches qui rappellent un souvenir douloureux de la Passion : lorsque, après la flagellation, Jésus-Christ fut présenté au peuple par ordre de Pilate. On a transporté de Jérusalem à Rome cet escalier qui était en marbre et d'une grande blancheur, mais usé par les genoux des pèlerins; le Pape Clément XII le fit recouvrir de bois. C'est avec respect et recueillement que l'on gravit ces saints degrés qui vous amènent à une chapelle supérieure appelée le Saint des Saints, à cause de la multitude des reliques qu'elle renferme. On y vénère une image très-ancienne du Sauveur. Il n'est pas de jour où ce sanctuaire ne soit visité par la piété des fidèles du monde entier.

A quelques pas de la basilique se trouve le baptistère de Constantin, de forme octogone, orné de colonnes de porphyre dans les angles. Une urne antique sert de fonts baptismaux; elle est placée au milieu sous la coupole. Les murs sont peints à la fresque.

Au centre de la place de Saint-Jean-de-Latran, on voit le plus grand obélisque de Rome, amené d'Égypte par Constantin et Constance. Il est de granit rouge et couvert d'hiéroglyphes. Brisé par les Barbares, il fut réédifié par le pape Sixte-Quint.

Le grand palais de Latran domine la place. Les Papes l'ont habité pendant onze siècles; ils viennent encore y prendre possession de leur dignité. Il s'y est tenu trente-trois conciles. Que de souvenirs ces lieux ne réveillent-ils pas!

A peu de distance, nous visitons Sainte-Croix-en-Jérusalem, une des sept basiliques de Rome. Elle fut érigée par sainte Hélène, mère de Constantin, pour y déposer une partie de la vraie Croix qu'elle avait rapportée de Jérusalem, ainsi qu'une grande quantité de terre du Calvaire. J'ai eu le bonheur de vénérer dans un sanctuaire privilégié toutes les précieuses reliques recueillies par les soins de sainte Hélène : une portion de la vraie Croix de Notre-Seigneur; deux Épines de sa Couronne; un des Clous qui transperça sa main; un fragment de la Colonne de la Flagellation; le Titre de la vraie Croix, où l'on voit l'inscription écrite en hébreu, en grec et en latin, en allant de droite à gauche, suivant l'usage des Orientaux. De quel respect n'est-on pas saisi en présence de ce trésor spirituel si cher au cœur chrétien! L'émotion qu'on éprouve est impossible à décrire, quand on se transporte au jour et à l'heure où se sont accomplis les grands mystères de la Passion, dont on a les souvenirs sous les yeux, et qu'on assiste à ces scènes douloureuses comme si l'on en était les témoins véritables!...

De Sainte-Croix-en-Jérusalem, nous nous dirigeons vers Sainte-Marie-Majeure, située sur le sommet du mont Esquilin, près du temple de Junon.

L'origine de la fondation de cette église est assez curieuse et mérite une mention. Elle remonte au IVe siècle, sous le pontificat du Pape saint Libère, d'après une vision que lui et Jean le Patricien eurent dans la même nuit, et qui fut confirmée, le lendemain 5 août, par une une chute miraculeuse de neige. Cette neige couvrait précisément la place que devait occuper l'église. C'est pourquoi on lui donna le nom de Sainte-Marie-des-Neiges; et aujourd'hui on l'appelle Sainte-Marie-Majeure, comme étant la principale des églises dédiées à la Sainte-Vierge. C'est une des sept basiliques de Rome et une des quatre qui ont la porte sainte.

La façade est ornée de deux rangs de colonnes et d'un double portique sur l'un desquels se trouve le grand balcon où se donne la bénédiction papale. Avant d'entrer dans l'église, je remarque la statue de Philippe IV, roi d'Espagne, un de ses bienfaiteurs.

L'intérieur est orné de trois nefs séparées par des colonnes de marbre blanc, que l'on croit avoir appartenu au temple de Junon Plusieurs tombeaux de Papes sont adossés aux murs.

La chapelle du Saint-Sacrement est revêtue de beaux marbres et décorée de peintures remarquables. On y admire les tombeaux de Sixte-Quint et celui de Pie V, chef-d'œuvre de sculpture.

Le maître-autel de la basilique est isolé; il est formé par une grande urne de porphyre et décoré d'un riche baldaquin, soutenu par quatre colonnes de porphyre entourées de palmes dorées.

A gauche, on voit la somptueuse chapelle de la Sainte-Vierge, érigée par Paul V Borghèse, et entretenue aux frais de cette famille. Elle renferme les deux magnifiques tombeaux de Paul V et de Clément VIII, ornés de statues et de bas-reliefs en marbre de la plus remarquable exécution. L'autel est surmonté par l'image de la Vierge que l'on dit avoir été peinte par saint Luc; elle est sur un fond de lapis, entourée de pierres précieuses et soutenue par quatre anges de bronze doré; un bas-relief, également en bronze doré, représente, à côté, le miracle des neiges qui a donné lieu à la fondation de la basilique.

Les ornements de l'autel portent tous les armes de la famille Borghèse. Des peintures du Guide complètent les richesses de ce sanctuaire.

On conserve, dans l'église de Sainte-Marie-Majeure, un grand nombre de reliques. Une des plus précieuses est la Crèche du Sauveur, entourée des corps de martyrs, de confesseurs et de vierges. Que de richesses spirituelles réunies en ce lieu et que de grâces y sont attachées! En sortant, sur la grande place, on voit l'obélisque de granit rouge qui fut érigé par Sixte-Quint.

Lundi 6.

Sur la place de la Minerve, située au centre de Rome, on trouve le couvent des Dominicains et leur grande église, bâtie sur les ruines d'un temple dédié à Minerve. On y conserve, sous le maître-autel, le corps de sainte Catherine de Sienne; la chambre de la Sainte est dans la sacristie. Près de la porte d'entrée est le tombeau du bienheureux Angelico de Fiesole, ce type du peintre chrétien, qui vivait au XVe siècle et fut une des gloires de l'Ordre de Saint-Dominique. Au centre de la place s'élève un obélisque égyptien, consacré jadis à Neith, la Minerve des Grecs et des Romains; un éléphant lui sert de piédestal.

Le Panthéon est tout près. On sait qu'il fut bâti par Agrippa en l'honneur des dieux de l'Olympe, il est aujourd'hui consacré à la gloire du vrai Dieu. La voûte est d'un aspect imposant et sévère; elle a au centre une ouverture qui laisse apercevoir le ciel; la pluie tombe dans l'intérieur de l'édifice, et l'on doit quelquefois entendre la messe sous son parapluie.

Une suite de chapelles forme le tour de la rotonde; dans l'une d'elles se trouve le tombeau de Raphaël.

Le Panthéon, si plein des souvenirs païens, atteste aujourd'hui la victoire du christianisme sur l'idolâtrie. Dans ce lieu profané par le culte des divinités païennes, reposent les corps d'innombrables martyrs enlevés aux Catacombes. L'expiation est à côté du crime, la victoire est sur le lieu du combat. Tel est le spectacle qui se retrouve dans Rome à chaque pas.

L'église Saint-Augustin, située sur la place de ce nom, vient d'être nouvellement restaurée par les soins de Pie IX. Les fresques sont d'un beau travail. Avant de sortir, nous suivons la foule des pieux fidèles agenouillés, près de la grande porte, devant une statue de la Sainte-Vierge avec l'Enfant Jésus chargé de pierres précieuses et de bijoux, témoignages de reconnaissance de nombreuses grâces obtenues par la Reine du Ciel.

De là, nous sommes bientôt sur la place Navonne, ornée de trois belles fontaines et d'un obélisque égyptien. Le principal monument de cette place est l'église Sainte-Agnès, qui occupe l'emplacement du *Lupanar* du cirque de Septime-Sévère. On sait que sainte Agnès fut jetée dans ce lieu infâme et qu'elle y fut miraculeusement protégée. Une torche à la main, nous pénétrons dans la crypte qui rappelle le souvenir de cette victoire. Le bas-relief, placé sur un autel en pierre, représente la sainte avec sa longue chevelure pour tout vêtement, au moment où elle fut exposée dans le *Lupanar*, d'où elle ne sortit triomphante que pour expirer au milieu des tourments. Quel sujet d'encouragement! et comment ne pas raviver sa foi à la pensée que les hommes sont impuissants lorsque Dieu vient au secours des faibles!

L'église de Sainte-Agnès a été restaurée très-splendidement. L'intérieur, à croix grecque, est orné de huit colonnes de marbre. Les chapelles ont des bas-reliefs et des statues remarquables.

A une heure, nous allons visiter les Catacombes. Nous suivons la voie Appienne, toute bordée de ruines, parmi lesquelles on distingue celles du tombeau de Scipion. Sur notre route, un petit monument frappe notre attention, et nous nous arrêtons devant une modeste chapelle qui marque la place où saint Pierre, fuyant les persécutions de Rome, rencontra Notre-Seigneur portant sa croix : « Seigneur, où allez-vous? » lui dit Pierre. — « Je vais à

Rome pour remonter de nouveau sur la croix, » lui répond le Divin Maître. Saint Pierre comprit le reproche et retourna gagner le martyre.

Quel grand enseignement! Nous craignons les croix, les souffrances, les humiliations, et Jésus-Christ nous apprend à les rechercher, comme moyen de salut.

On montre dans cet oratoire le *fac-simile* de l'empreinte des pieds de Notre-Seigneur; la pierre originale est dans l'église Saint-Sébastien, où nous arrivons peu de temps après; car elle donne entrée aux Catacombes. Munis d'un flambeau, nous nous enfonçons peu à peu dans un dédale de corridors étroits où deux personnes ne pourraient marcher de front. J'assiste alors par la pensée à la procession que formaient les premiers chrétiens, lorsqu'ils pénétraient dans les Catacombes avec le corps d'un martyr ou qu'ils célébraient quelque fête. Le silence de ces voûtes solitaires produit un effet solennel. Nous sommes environnés de tombeaux superposés horizontalement en forme d'étagères. De distance en distance, on rencontre des chambres carrées qui servaient d'oratoire aux fidèles cachés en ces lieux: la place de l'autel y est encore .. Des peintures antiques ornent les murs et sont presque toutes des symboles du culte. Un de ces oratoires rappelle le souvenir de saint Philippe de Néri, qui vint y prier pendant dix ans de sa vie.

Comment ne pas se sentir pénétré de respect et d'admiration en foulant aux pieds la terre des martyrs! Comment ne pas croire au Dieu qu'ont adoré nos pères et pour l'amour duquel ils ont tout sacrifié, jusqu'à leur vie? Où trouver des signes plus authentiques de l'antiquité du culte, que dans ces fragments d'autels, ces calices, ces vases sacrés retrouvés dans les Catacombes et qui remontent aux premiers âges du christianisme?

Des Catacombes de Saint-Sébastien, nous passons à celles de Saint-Calixte, qui s'étendent autour des remparts de Rome. Le corps de nombreux martyrs en a été retiré pour être mis sur les autels; les premiers chrétiens attachaient à leurs tombeaux un signe qui pût les faire reconnaître dans l'avenir. C'étaient ordinairement de petites fioles de sang que l'on plaçait dans un creux pratiqué dans le mur. On en voit encore la trace.

Rome est ainsi peuplée d'une légion de Saints, gloire de l'Église militante et gage de son triomphe à venir.

Nous terminons une si précieuse journée par une visite à Saint-Paul-hors-des-Murs, qui est une des merveilles de l'art chrétien. Cette basilique, détruite en 1823 par un incendie, fut rebâtie et inaugurée en 1847, sous le pontificat de Pie IX. L'immense vaisseau est divisé en cinq nefs par quatre-vingts colonnes, d'un effet grandiose. Le maître-autel, isolé, est surmonté d'un baldaquin soutenu par quatre colonnes d'albâtre oriental, présent du pacha d'Égypte. Les socles, en malachite et lapis-lazuli ont été donnés par Nicolas, empereur de Russie. Singulier contraste! Le mahométisme et l'hérésie concourant à la gloire d'un temple chrétien! C'est là, sous la confession, que reposent la moitié des corps de saint Pierre et de saint Paul, dont l'autre partie est à Saint-Pierre et le chef à Saint-Jean-de-Latran. Une série de médaillons, ornant le dessous des croisées, contient les portraits en mosaïque de deux cent cinquante-huit Papes. Aux deux extrémités du transept, sont deux autels tout en malachite, d'une richesse inouïe, présents de l'empereur de Russie. Les mosaïques de la voûte sont très-remarquables, ainsi que les peintures qui rappellent les traits de la vie de saint Paul Le pavé de l'église, du plus beau marbre et d'un riche dessin, est une œuvre d'art. C'est vraiment un temple digne de la majesté de Dieu. Il est impossible d'imaginer un plus grand effet d'ensemble et plus de richesse dans les détails.

En continuant à marcher dans la campagne, au milieu de la solitude la plus complète, on rencontre *Saint-Paul-Trois-Fontaines*, bâtie sur l'emplacement du martyre de saint Paul. Sa tête décapitée, dit la tradition, rebondit trois fois, et à chaque endroit surgit miraculeusement une fontaine où j'ai voulu me désaltérer.

Les Trappistes viennent à peine de prendre possession du couvent bâti sur ces lieux, que la *mal'aria* avait rendu déserts. Ils espèrent assainir le pays par la culture, et sont pleins de zèle et de dévouement, prêts à sacrifier leur vie, mourant à la tâche, s'il le faut.

En retournant, nous voyons sur notre route le tombeau de Caïus-Sextius, monument remarquable d'architecture égyptienne.

Mardi, 7 avril.

Nous commençons cette journée par un pèlerinage à la Chambre de saint Louis de Gonzague, dans la maison du Collége Romain, qui appartient aux Jésuites. La Chambre du Saint a été conservée telle qu'elle était à sa mort; elle a été seulement transformée en chapelle et l'on y dit la messe presque chaque jour. Comme on y prie avec recueillement et ferveur! Saint Louis de Gonzague y apparaît vivant et animé dans tous les souvenirs qu'on a conservés de lui, avec ce parfum d'innocence et de sainteté qui en a fait le patron de la jeunesse et une des gloires de l'Église. Pour ma part, j'ai toujours eu une dévotion particulière à saint Louis de Gonzague : j'ai fait ma première communion le jour de sa fête, et cet anniversaire me rappelle l'âme la plus chère à mon âme, après ceux à qui Dieu m'a confiée. C'est une amitié sainte qui s'est faite en Dieu depuis plus de vingt ans et que rien n'a jamais pu altérer, une de ces amitiés qui ne connaissent ni amertume, ni déception.

En quittant ce sanctuaire privilégié, nous entrons dans l'église Saint-Ignace, attenante au Collège Romain. Les peintures qui ornent la voûte sont l'ouvrage du Père Pozzi, jésuite. Le corps de saint Louis de Gonzague repose dans une magnifique châsse sous l'autel d'une des chapelles. Un peu plus loin on voit le tombeau du pape Grégoire XV, qui canonisa ce grand saint.

Nous allons de là au Corso pour visiter l'église Saint-Marcel, sur la place de ce nom. Trois objets y attirent la piété des fidèles : une image de la Vierge, couronnée par le chapitre du Vatican, suivant un pieux usage en Italie de couronner l'image devant laquelle une grâce surnaturelle a été obtenue, le tombeau du cardinal Consalvi, le pieux ministre et compagnon d'infortune de Pie VII, et le Crucifix miraculeux qui, après l'incendie de l'église, en 1519, fut retrouvé intact à sa place ordinaire, avec la lampe qui l'éclairait, encore allumée.

Non loin de l'église est le palais Doria Pamphili, un des plus grands de Rome : il renferme une belle collection de tableaux.

Sainte-Marie in via lata est tout près. Nous pénétrons dans la crypte, pleine des souvenirs de saint Paul et de saint Luc, son compagnon. C'est là, en effet, que Paul, arrivant à Rome, habita comme prisonnier gardé à vue, mais avec l'autorisation de prêcher. Le saint apôtre en profita pour s'occuper des besoins de l'Église et pour écrire aux fidèles ses admirables épîtres. Saint Luc rédigea dans cette demeure, sous les yeux de saint Paul, les Actes des apôtres. Saint Pierre vint y visiter saint Paul. Quelles admirables entrevues! et que de saintes paroles ont été échangées sous ces murs! Ce qui reste de ce passé, c'est un modeste autel de pierre; dans un angle, une colonne de granit entourée d'une chaîne antique scellée qui servait à attacher le grand apôtre, et une source qui jaillit miraculeusement lorsqu'il baptisa son geôlier Martial et d'autres catéchumènes. Que de souvenirs précieux au cœur chrétien!

Non loin de ces lieux qui servirent d'auberge et de prison à saint Paul, se trouve la place Colonna, au milieu de laquelle s'élève la superbe colonne Antonine que le Sénat fit élever en l'honneur de Marc-Aurèle, et que Sixte-Quint a dédiée à saint Paul : la statue du grand apôtre en a dominé le sommet.

La rue des Condotti nous conduit sur la place d'Espagne : nous gravissons les cent vingt marches de marbre blanc qui la séparent de la Trinité-des-Monts. Là se trouve le couvent du Sacré-Cœur, qui possède dans ses murs la fresque de *Mater admirabilis*, que tout enfant de Marie a appris à vénérer. Cette humble image fut peinte en 1844, par une novice du Sacré-Cœur, dans un des corridors du couvent, comme un souvenir de son passage au milieu de ses sœurs de Rome. La Sainte Vierge y est représentée filant le lin dans le Temple à l'âge de quinze ans, comme un modèle à suivre durant les heures de travail de la communauté. Le 20 octobre 1846, le Souverain Pontife, visitant la maison, pria devant cette fresque et la bénit solennellement. Depuis lors, des faveurs insignes, des grâces de conversion, des miracles vinrent révéler la prédilection de Marie pour cette simple image, et le corridor solitaire de la Trinité-du-Mont fut changé en un sanctuaire que la piété des fidèles ne cessa de vénérer. Pie IX l'a enrichi de plusieurs indulgences, et de nombreux *ex-voto* attestent que ce n'est pas en vain que l'on prie *Mater admirabilis*.

J'ai eu le bonheur d'entendre la messe et de communier dans ce petit oratoire retiré, où la douce image de la Vierge du Lys parle si bien au cœur. Ses yeux sont baissés, son attitude est pleine de simplicité, de modestie, de candeur. Le sentiment qui vous domine en présence de ce type achevé de la pureté du cœur, c'est le recueillement intérieur, l'oubli des créatures. Je comprends qu'elle ait inspiré des vocations religieuses; il est impossible en ce lieu de ne pas sentir son âme s'élever dans les régions les plus mystiques, là où habitent les parfaits.

En sortant, nous visitons la grande et belle église de la Trinité-des-Monts, qui renferme des chefs-d'œuvre de peinture. Les saluts solennels qui y sont donnés attirent une foule de personnes de toute religion. C'est contre ce pilier, nous dit la religieuse qui nous accompagnait, que s'appuya pendant sept ans, entraîné par un invincible attrait, celui que l'Angleterre nomme aujourd'hui son grand apôtre. Après de longues luttes, la grâce finit par l'emporter: M. Manning se consacra à Dieu, et avant de quitter Rome, où il prit les ordres sacrés, il vint frapper en soutane à la porte du couvent, en disant à la sœur : « Me reconnaissez-vous maintenant? »

Une conversion peut-être encore plus éclatante nous attire vers une autre église que nous trouvons bientôt sous nos pas, *Saint-André delle fratte*. C'est là, en effet, que M. Ratisbonne étant entré pour voir les préparatifs du service qui devait se célébrer pour M. de la Ferronays (1), fut saisi par la grâce; il se prosterna pour adorer le Dieu qui se faisait connaître à lui. La Sainte Vierge lui apparut, et lorsqu'il se releva, l'Eglise comptait un chrétien de plus. Cette Vierge miraculeuse est représentée dans une chapelle que M. Ratisbonne lui a dédiée en souvenir de cet événement.

(1) Ce nom est devenu aujourd'hui plus populaire que jamais par le livre intéressant que tout le monde a lu : *Récit d'une Sœur*.

Dans l'après-midi, nous nous rendons à *Saint-Etienne-le-rond*, très-ancienne église qui date du Ve siècle, et offre une particularité remarquable : c'est la reproduction en peinture des supplices des martyrs. On ne peut s'imaginer jusqu'où pouvait aller la rage des persécuteurs. Cette vue inspire une profonde indignation contre les barbares auteurs de pareilles atrocités, et une singulière admiration pour les généreux chrétiens victimes de cette tyrannie.

Pénétrés de ces sentiments, nous nous retrouvons en face des ruines gigantesques du Colysée, qui est un livre ouvert dont chaque page a une histoire sanglante à raconter. Après avoir été le théâtre des gladiateurs, il devint l'arène des chrétiens qu'on livrait aux bêtes féroces, et le sang des martyrs y fut versé à flots. C'est en expiation de tant de crimes qu'on a bâti en ces lieux de petites chapelles avec les mystères de la Passion ; les fidèles viennent y faire le Chemin de la Croix. C'est une bien touchante cérémonie. Que de réflexions profondes dans cette enceinte desolée; que reste-t-il de ces souvenirs de sang et de boue? Quelques ruines que le temps entraîne; Hommes et choses ont passé; la Croix est venue écraser les forts et relever les faibles. Ainsi s'est réalisée cette parole mémorable révélée à Constantin : « C'est par ce signe que vous vaincrez! »

L'arc de triomphe de Constantin, placé tout à côté du Colysée, atteste la victoire du christianisme sur le monde, ainsi que quelques pas plus loin, l'arc de Titus, de celui qui détruisit Jérusalem et le Temple, et amena captifs les enfants d'Israël, comme l'avait annoncé l'antique prophétie de Daniel sur le peuple déicide.

Mercredi 8.

Nous visitons *Saint-Pierre in vincoli*, qui date du Ve siècle, et où l'on conserve la double chaîne avec laquelle saint Pierre fut attaché dans la prison de Jérusalem par Hérode et à Rome par Néron. J'ai eu le bonheur de les voir et de les baiser; elles sont dans une châsse d'airain qui ne s'ouvre qu'avec la permission du Souverain Pontife. Lorsqu'elles furent retrouvées, à des époques différentes, et qu'on voulut les confronter, elles se soudèrent miraculeusement, signe évident de leur identité.

C'est dans l'église de Saint-Pierre-aux-Liens que se trouve le chef-d'œuvre de sculpture de Michel-Ange, son *Moïse*, qui orne le tombeau du Pape Jules II. On prétend que, contemplant son œuvre après l'avoir achevée, il lui donna un coup de marteau sur le genou, en lui disant avec transport : « Parle donc, puisque tu vis! »

En sortant, nous traversons l'ancienne voie *Scelerata*, rendue célèbre par l'atrocité de Tullia, femme de Tarquin le Superbe, qui fit passer son char sur le corps de son père, Servius-Tullius.

De là, nous arrivons à *Saint-Martin-des-Monts*, qui appartient aux Grands-Carmes. Elle est toute resplendissante d'or, de marbre et ornée de colonnes antiques et de fresques du Poussin. Son église souterraine rappelle de nombreux souvenirs. Le Pape saint Sylvestre y réunit deux conciles dans lesquels furent condamnées les erreurs d'Arius et de ses adeptes; c'est là que furent brûlés leurs écrits, ainsi que le témoignent plusieurs peintures de l'époque. Une très-ancienne mosaïque, qui représente *Marie terrassant le Dragon*, constate un des grands faits de l'histoire : la ruine des hérésies.

Le corps de saint Sylvestre repose dans cette église souterraine, entouré d'autres précieuses reliques apportées des Catacombes. Nous vénérons le corps du bienheureux Thomassin, chez lequel la conservation des chairs atteste la sainteté de l'âme.

De là, nous nous rendons au mont Quirinal, qui porte aussi le nom de *Monte-Cavallo*, à cause de deux groupes d'hommes et de chevaux qui décorent la place de ce nom. On attribue ces chefs-d'œuvre de la sculpture grecque à Phidias et à Praxitèle. Entre ces colosses, qui représentent *Castor et Pollux*, se dresse un obélisque entouré d'un grand bassin de granit qui forme une magnifique fontaine. La principale façade de cette place est occupée par le palais du Quirinal, bâti sur les ruines des Thermes de Constantin par Grégoire XIII. Les Souverains Pontifes l'habitaient pendant l'été; mais Pie IX en ayant été chassé en 1849, n'y est plus retourné depuis ce triste événement. C'est au Quirinal que se tiennent les conclaves pour l'élection des Papes.

Une grande salle, appelée *Custode*, renferme les reliques des martyrs qui sont distribuées aux différentes églises du monde. Il nous a été donné de voir et de vénérer la vraie tête de saint Laurent, qui semble avoir été respectée par le temps, malgré l'affreux supplice qui aurait dû la détruire; — le corps de sainte Justine, trouvé dans les Catacombes, et celui de plusieurs autres saints.

Les jardins du Vatican s'étendent tout autour du palais et sont ornés de statues, de fontaines, de jets d'eau artificiels d'un effet surprenant. Au milieu, on voit un pavillon d'une jolie architecture et orné de peintures remarquables.

En sortant, on aperçoit, sur la même place, le palais de la Consulte, et, à gauche, le palais Rospigliosi, qui appartient à la famille de ce nom et qui possède une belle galerie de tableaux. Recommandée à la princesse Rospigliosi née de Cadore, j'ai pu juger ce qu'est l'intérieur d'une maison romaine. Notre luxe d'ameublement y est remplacé par des objets d'art qui couvrent les meubles, tapissent les murs, donnent à toute chose le mouvement et la vie.

La princesse Rospigliosi est une Parisienne transplantée à Rome, avec toute la distinction de son origine. Ses goûts artistiques se révèlent autour d'elle. Nous recevons un accueil aimable et sympathique.

Jeudi Saint.

Dès le matin, nous prenons une voiture pour nous rendre au Vatican; elle nous laisse au bas du grand escalier qui conduit à la chapelle Sixtine. Nous sommes vêtues de noir, un voile sur la tête, costume de rigueur pour les femmes pendant les cérémonies de la Semaine Sainte; les hommes sont en habit noir et cravate blanche. Avant que l'office commence, mon œil s'égare avec avidité sur ces belles peintures de Michel-Ange, qui décorent la voûte et les murs de la chapelle Sixtine; le fameux *Jugement dernier* en forme le fond. Toute l'épopée du genre humain y est reproduite. Pour se rendre compte de ces merveilles, il faudrait de longues heures de contemplation. Je compte bien y revenir.

Bientôt l'assemblée commence à se former : les Cardinaux, vêtus de rouge, portant le camail blanc d'hermine, arrivent les premiers, suivis de leurs caudataires; les Généraux d'ordre, avec des costumes différents, viennent se placer par derrière. Lorsque tout le Sacré Collége est réuni, une porte s'ouvre à droite de l'autel, et le Souverain Pontife paraît, portant la chape et la mitre blanche. Après une courte adoration au pied de l'autel, il se lève et commence l'*Introït*. Toute l'assemblée dit à haute voix le *Confiteor;* après quoi, le Saint-Père va s'asseoir sur son trône, placé sur une estrade à gauche de l'autel, et le Célébrant continue la messe. Pendant le *Kyrie*, les Cardinaux vont baiser la main du Pape, en signe de soumission au Chef de l'Église.

Après la consécration, le Saint-Père prend la sainte Hostie entre ses mains et va processionnellement la déposer dans le tabernacle de la chapelle Pauline, magnifiquement illuminée *à giorno*, d'après les dessins de Michel-Ange, De là, il se rend à Saint-Pierre pour y faire le lavement des pieds à douze pauvres Prêtres de différentes nations, vêtus uniformément de laine blanche. Cette cérémonie est accomplie par le Saint-Père avec une simplicité et une humilité touchantes. Comment dépeindre celle de la Cène, dans laquelle il bénit la table magnifiquement ornée, pour donner à manger à ces mêmes douze pauvres qu'il sert lui-même! Il est impossible de mieux représenter Notre-Seigneur Jésus-Christ dans l'admirable institution du sacrement de l'Eucharistie. Une foule avide et empressée entoure le Souverain Pontife dans l'accomplissement de ces cérémonies.

L'après-midi, nous retournons à la chapelle Sixtine, pour assister à l'office des *Ténèbres*, qui se chante en présence du Pape et de tout le Sacré Collége, et qui est suivi du *Miserere*, si admirablement traduit par Allegre dans la langue musicale.

Cette journée se termine par une cérémonie non moins touchante et digne d'intérêt. Tous les établissements de charité destinés à guérir ou à soulager les misères humaines existent à Rome, entre autres le couvent de la *Trinité des Pèlerins* où, pendant la Semaine Sainte, on donne l'hospitalité aux pauvres étrangers sans ressource et sans abri. Une confrérie de Dames romaines s'occupe de ces malheureux voyageurs; je les ai vues, vêtues uniformément de robes de soie noire, avec une grande tunique rouge d'indienne et un tablier blanc, laver elles-mêmes les pieds de ces êtres dégoûtants de saleté et de misère, les essuyer de leurs mains avec le plus grand soin, leur remettre des bas neufs, et de là les amener dans un spacieux réfectoire où elles leur servent à manger. Quelle admirable institution! et comme la charité chrétienne est ingénieuse à trouver le moyen de se faire petite avec les petits, d'imiter l'humilité de Notre Seigneur, qui en a donné un si grand exemple! Mgr le Cardinal de Reisach présidait cette pieuse cérémonie.

Vendredi Saint.

Nous assistons, dans la chapelle Sixtine, à l'adoration de la Croix, présidée par le Souverain Pontife. Quelle scène imposante! On voit s'abaisser devant Dieu tout ce que l'Église compte de grand et de saint.

Les cérémonies de la Semaine Sainte, à Rome, empruntent du lieu et des circonstances un caractère tout particulièrement religieux et élevé. C'est le représentant direct de Jésus-Christ sur la terre, celui qui est le plus digne ici-bas de s'offrir a Dieu, qui invite son Seigneur et Maître à renouveler sur l'autel le sacrifice de la Croix. Quelle prière plus digne d'être exaucée! et comment Dieu peut-il ne pas répondre à l'appel de son auguste Ministre!

L'après-midi de ce saint jour, nous montons à *Saint-Pierre-in-Montorio*, situé sur le mont Janicule, au-dessous de la fontaine Pauline. Cette église fut érigée par Constantin sur le lieu où saint Pierre reçut le martyre. Tout à côté, un monument, appelé le temple de Bramante, parce qu'il fut l'œuvre de cet artiste, recouvre l'endroit même où la croix de saint Pierre fut plantée.

Ce n'est pas sans émotion que l'on prie dans ce sanctuaire qui rappelle le martyre du grand Apôtre. C'est ainsi qu'à Rome, le passé vit toujours dans le présent.

De la plate-forme de *Saint-Pierre-in-Montorio*, on jouit d'un des plus magnifiques panoramas de Rome et de ses environs.

En remontant toujours, nous rencontrons la fontaine Paulino, érigée par le Pape Paul V, et qui fournit des eaux abondantes.

Bientôt, franchissant l'enceinte de Rome, nous entrons dans la villa *Doria-Pamfili*, une des plus grandes et des plus intéressantes à visiter. Au milieu des jardins, admirablement dessinés, nous découvrons un monument élevé par le prince Doria à la mémoire des Français tués pendant le siège de Rome, en 1849. A cette époque, la villa Pamfili, quartier-général de Garibaldi, devint ensuite celui du général français.

Samedi Saint.

A dix heures, nous sommes à Saint-Jean-de-Latran pour assister à la magnifique cérémonie de l'Ordination des Prêtres. Le même jour, quatre sacrements sont administrés dans cette basilique. Le baptême est donné à une jeune fille juive. Mgr Patrizzi, Cardinal-Vicaire, lui confère le sacrement de confirmation, et elle reçoit celui de l'Eucharistie pendant la messe, qu'il célèbre immédiatement après. Je n'avais jamais vu d'ordination et j'ai été profondémen touchée de la grandeur des cérémonies qui accompagnent l'investiture des ordres sacrés. Des jeunes gens des cinq parties du monde, voire même un nègre, des religieux appartenant à tous les ordres, sont réunis pour se consacrer à Dieu et évangéliser leurs frères. Rome étant le centre unique d'où jaillit la lumière, cette fête y revêt un caractère tout particulier d'universalité dans la foi.

L'après-midi est consacrée à l'audience du Saint-Père, objet de tous mes vœux. Plus de mille personnes partagent avec nous cette faveur.

Réunis dans la grande salle des cartes géographiques, nous étions impatients de voir arriver le Souverain Pontife; il paraît enfin, en soutane et en barette blanche, c'est-à-dire sans aucun cérémonial. L'impression qu'on éprouve, en le voyant, n'est point celle de la crainte, mais plutôt d'un filial amour. Pie IX est la personnification de la bonté et de la mansuétude. C'est ainsi qu'on se figure Jésus-Christ quand il vivait parmi les hommes.

Le Saint-Père a fait le tour de la salle, disant à tous un mot affectueux, les bénissant comme ses enfants et se laissant baiser la main comme un bon père. Quand il est passé devant moi, j'ai cru n'avoir rien de mieux à lui demander qu'une grâce spirituelle, c'est-à-dire la bénédiction apostolique et l'indulgence plénière à l'heure de la mort pour moi et toute ma famille, ce qui m'a été immédiatement accordé.

A l'extrémité de la salle, le Saint Père a béni une petite fille de six ans, qui lui a été présentée par sa famille. Il a pris l'enfant par la main et l'a conduite jusqu'au pied de son trône, où il l'a fait asseoir, et il a adressé à l'assemblée une allocution dont voici à peu près le texte :

« Mes enfants, je ne veux pas vous laisser partir sans vous don-
« ner un souvenir de cette entrevue. Oui, je suis très-heureux de
« voir cette réunion de catholiques de tous les pays; aussi je vous
« répète cette parole latine : *Vis unita fortior*, que vous autres,
« Français, traduisez par : *l'union fait la force.* Quand un général
« d'armée se voit menacé d'une attaque, il rassemble aussitôt autour
« de lui ce qu'il a de troupes, afin de s'opposer à l'ennemi et de lui
« résister avec plus de succès... Il n'est pas nécessaire d'être un
« grand général, ni un homme d'État très-habile, pour comprendre
« cette prudence. Aussi, dans ce moment, les catholiques ont-ils
« reconnu qu'ils devaient se réunir en masse serrée et compacte
« afin de détruire les complots de l'Enfer, de cet Enfer acharné
« contre l'Église. Ils ont compris que, sans l'union, on ne pouvait
« pas résister aux attaques de l'irréligion et de l'impiété. ... Oui,
« mes enfants, c'est pour moi une grande consolation de voir entre
« tant de miracles, ce grand miracle de l'union des catholiques...
« De tous côtés nous arrivent des secours, des appuis... Néan-
« moins, mes chers enfants, je vous dirai avec tristesse, mais plein
« de confiance en Dieu : il y a, comme nous l'avons entendu tous
« ces jours-ci dans la Passion, il y a dans ce monde de misères
« beaucoup de *Caïphes* avec leurs ruses et leur hypocrisie; beau-
« coup de Pilates qui sont dominés comme lui par la faiblesse, et
« aussi beaucoup de Judas... de Judas qui trahissent leur maître
« par un baiser... Mais Dieu est avec nous, et ses paroles sont
« éternelles... Voyez, le monde est plein d'iniquités; tous sont
« *fatigués des mensonges, des lâchetés, des hypocrisies et des trahi-*
« *sons.* Le désir de trouver la vérité se fait partout sentir... Catho-
« liques, pécheurs, protestants, schismatiques, tous sont fatigués...
« Ils se tournent vers l'Église et son Vicaire; ces protestants qui,
« après trois cents ans d'existence, n'ont cessé de se diviser entre
« eux; ces schismatiques qui ont déchiré la robe de Notre-Seigneur
« Jésus-Christ, ils ont compris aujourd'hui que Rome était leur
« salut. Tout concourt à prouver l'accomplissement des paroles de
« notre Divin Maître que moi, son Vicaire très-indigne, je vous
« redis en ce moment : oui, mon vœu, c'est de voir une seule Église
« sous un seul pasteur.

« Mes enfants, ma consolation est grande; je vois ce retour à

« l'unité en France, en Espagne, en Europe, en Amérique, en Italie « aussi, et même chez les protestants et les schismatiques. Catho-« liques, je vous invite tous à rester fidèles; pécheurs à vous con-« vertir; protestants, schismatiques, à rentrer dans le sein de « l'Église qui tient ses bras ouverts pour vous recevoir !

« Et maintenant, je vous bénis, avec ces mains et ces yeux que « j'ai déjà élevés si souvent pour vous vers le Ciel. Je supplie Notre « Seigneur de m'exaucer en soulageant vos misères, en vous ren-« dant heureux. Oui, que ma bénédiction s'étende sur les absents « qui vous sont chers, sur tous ceux qui sont loin, sur les pécheurs, « sur tous. Seigneur Jésus, faites qu'elle pénètre dans les familles « où il y a tant de douleurs, tant de peines si cuisantes! Qu'elle « bénisse les pères et les mères, les frères et les sœurs, les en-« fants!... Doux Jésus, bénissez-les tous! Que votre bénédiction « les soutienne dans la vie et les conduise au Ciel! »

Les cris longtemps répétés de : « *Vive Pie IX!* » ont accueilli cette touchante allocution.

On se sent plus près de Dieu en s'approchant de son Vicaire, qui est un reflet de sa miséricorde et de son amour pour les hommes. Pie IX inspire particulièrement cet attrait invincible.

Dimanche, jour de Pâques, 12 avril.

Dès cinq heures du matin, nous sommes sur pied pour fêter ce grand jour, si bien célébré à Rome. Nous allons chanter notre premier *Alleluia* à Saint-Pierre, où nous sommes rendus plusieurs heures d'avance, pour assister à la grand'messe, célébrée par le Saint Père lui-même, avec toutes les pompes du culte catholique.

Un petit incident, qui ne sera pas sans intérêt pour le lecteur de cette Revue, me distrait un instant. Pour se l'expliquer, il faut ne pas oublier que des motifs bien opposés amènent des pèlerins à Rome. L'amour de l'art et la curiosité se coudoient avec la religion et le recueillement qu'elle impose dans ses temples; aussi, Saint-Pierre est-il souvent le théâtre de conversations et d'actes peu édifiants. Pénétré de cette pensée qu'on peut avoir près de soi un musulman, un schismatique ou un quaker, nul ne songe à se scandaliser.

Tandis que j'étais adossée à une tribune de dames, attendant l'heure des cérémonies, j'entends une conversation s'engager derrière moi sur les eaux de Vals. On se demande d'où viennent la vogue et le développement qu'ont pris tout d'un coup ces eaux restées obscures pendant longtemps malgré leur efficacité incontestable. Les pourquoi, les comment restent sans réponse; mais moi je la faisais intérieurement en songeant à notre *Revue de Marseille*, et j'aurais pu élever la voix pour nommer l'homme intelligent qui a transformé la station thermale dont on s'entretenait.

A dix heures, Pie IX fait son entrée triomphale dans l'église, revêtu des plus beaux ornements sacerdotaux, la tiare sur la tête, porté sur la *sedia gestatoria*, entouré des éventails de plume blanche et précédé de la cour romaine. La messe commence; plusieurs Cardinaux font l'office de Diacre; le moment de l'élévation est des plus touchants. Le Saint-Père élève la sainte Hostie au-dessus de son front et se retourne lentement pour bénir avec elle les quatre points cardinaux; il fait de même avec le calice, tandis que l'on entend une musique de fanfare qui semble venir du Ciel, elle part en effet des voûtes de la coupole, que l'œil ne peut atteindre.

L'émotion gagne tous les cœurs dans ce moment innénarrable; elle se prolonge jusqu'à la communion, où le Saint Père boit le sang de Notre Seigneur avec un chalumeau d'or, réalisant ainsi dans sa plus haute expression sur la terre l'union intime du Créateur avec la créature!

Après la messe a lieu une cérémonie non moi s touchante : c'est l'exposition des grandes reliques du haut d'un des balcons intérieurs de Saint-Pierre.

Un prie-Dieu est préparé au milieu de l'église. et le Saint-Père va s'y agenouiller, tandis que les fidèles sont prosternés autour de lui. La foule se précipite alors vers la place Saint-Pierre, pour y recevoir la grande bénédiction *Urbi et Orbi*.

Plus de cent mille personnes sont réunies et forment une masse compacte qui se prolonge même sur le toit des maisons; l'armée pontificale est rangée sous les armes autour de l'obélisque. C'est un coup-d'œil admirable. Au moment où le Saint-Père paraît sur le balcon de la basilique, porté sur la *sedia*, pour mieux dominer la ville et le monde, il se fait un silence profond et solennel. Sa voix est vibrante; il lève les bras au Ciel comme pour embrasser dans cette bénédiction solennelle l'univers entier. La foule se prosterne comme un seul homme. pour ne se relever qu'au moment où le canon du fort Saint-Ange répond à la voix du Vicaire de Jésus-Christ.

De vives acclamations s'élèvent alors de toutes parts; le Saint-Père paraît ému et se retire lentement, bénissant toujours.

L'impression de ce jour et de cette heure sera pour moi ineffaçable. Amis ou ennemis de l'Église, il est impossible de ne pas reconnaître sa puissance. Il y a dans ce moment un entraînement irrésistible, et plus d'un incroyant a dû se relever chrétien.

L'après-midi de cette grande et mémorable journée, nous nous rendons à Saint-Louis-des-Français, où le Père Hyacinthe prêche la station du Carême. Il fait un très-beau discours sur l'unité de l'Église : Jésus-Christ est ressuscité pour sauver tout le genre humain ; il faut que son triomphe serve à tous, et le jour viendra où il n'y aura qu'un seul troupeau et un seul Pasteur.

Le grand prédicateur de Notre-Dame attire à Rome un public aussi empressé qu'à Paris, et chacun rend hommage à son talent qui ne peut que mûrir et produire des fruits nouveaux dans le centre de la chrétienté et du dogme catholique.

Le beau jour de Pâques se termine, à Rome, par l'illumination de la coupole de Saint-Pierre. A une heure déterminée, elle paraît instantanément toute en feu. C'est d'un effet magique.

Lundi, 13 *avril.*

Dès sept heures du matin, nous nous dirigeons vers le *Monte-Cavallo*, et nous entrons, par la voie du Quirinal, dans l'église de Saint-André, attenante au noviciat des Jésuites. Le Père Lorengot doit nous dire la messe dans la chambre de saint Stanislas Kotska. Nous pénétrons, en effet, dans l'intérieur de la maison, et nous vénérons cet humble sanctuaire rempli des souvenirs du jeune Saint. Sa statue en marbre blanc frappe d'abord notre attention ; c'est une œuvre d'art due au sculpteur Legros, qui fut tellement ému après l'avoir achevée, que sa conversion s'ensuivit ; il était protestant et abjura sa religion en faveur de celle qui donne à l'homme d'aussi sublimes inspirations.

Après avoir vu Saint-Pierre bien des fois dans son ensemble imposant et grandiose, qui en fait un des premiers édifices du monde, il nous reste à examiner les détails, qui sont infinis et demandent une étude particulière et approfondie. C'est notre occupation du lundi de Pâques, en attendant l'heure de la seconde audience du Saint-Père.

Abordant la nef du milieu, nous arrivons directement à la *Confession*, après nous être arrêtés quelques instants à droite pour baiser le pied de la statue en bronze de saint Pierre, usé par la dévotion des pèlerins.

La moitié des corps de saint Pierre et de saint Paul repose dans la *Confession*, où l'on descend par un double escalier. Elle renferme aussi le tombeau de Paul VI, orné de sa statue en marbre, environné de celui des premiers successeurs de saint Pierre et de plusieurs martyrs. Cent quarante-deux lampes, toujours allumées, garnissent la balustrade de ce monument.

Le maître-autel est au-dessus, isolé, placé sous un majestueux baldaquin en bronze doré, soutenu par quatre colonnes torses, d'une grande richesse, dont le vide intérieur est rempli d'ossements de martyrs.

Au fond de la grande nef est la *Tribune*, monument en bronze doré, qui renferme la chaire de saint Pierre, la vraie chaire où le Prince des Apôtres enseigna la doctrine chrétienne, et qui fut trouvée dans les Catacombes. Quatre grandes statues, représentant les principaux Docteurs de l'Église : saint Ambroise, saint Augustin, saint Athanase et saint Jean-Chrysostôme, en sont le plus bel ornement, A droite et à gauche, on voit les deux magnifiques tombeaux de Paul III et d'Urbain VIII.

En faisant le tour des nefs latérales, on rencontre une suite de chapelles remarquables par leurs marbres, leurs tableaux en mosaïque, copie des plus grands maîtres, et par les tombeaux des Papes qui se succèdent à chaque pas. Une multitude de corps de Saints reposent sous chacun des autels.

Mais l'admiration est à son comble en présence de la coupole de Michel-Ange, qui révèle le génie de l'artiste dans la plénitude de ses conceptions. Des fresques, des mosaïques la décorent en tous sens. La frise porte en lettres gigantesques cette mémorable inscription : *Tu es Petrus, et super hanc Petram ædificabo Ecclesiam meam et tibi dabo claves regni cælorum.*

La basilique de Saint-Pierre compte encore dix autres coupoles moins élevées. Des sommes fabuleuses ont dû être employées à l'érection de cet édifice, qui surpasse en grandeur et en magnificence tous les temples du monde. L'univers y a concouru; nous y avons tous porté notre grain de sable. Aussi les peuples se sentent-ils frères sous ces voûtes immenses. Un signe particulier de cette universalité se révèle dans cette suite de confessionnaux pour toutes les langues, que l'on rencontre à chaque pas dans les nefs latérales de Saint-Pierre; car à Rome chaque nation est représentée.

Cinq portes immenses, parmi lesquelles se trouve la *Porte Sainte*, murée dont j'ai déjà parlé, s'ouvrent dans un magnifique péristyle, grand vestibule du temple, bien digne de le précéder.

Un vaste escalier, dominé par une plate-forme, nous ramène sur la place Saint-Pierre, dont la forme elliptique présente quatre rangs de colonnes colossales que couronnent cent quatre-vingt-douze statues. Au centre de la place est un obélisque surmonté d'une Croix renfermant un fragment de la vraie Croix. Deux belles fontaines complètent l'ornement de la place.

Le Vatican est attenant à Saint-Pierre. Nous montons le grand escalier d'honneur qui conduit à la cour Saint-Damase. De là, on arrive, par les chambres de Raphaël, à la galerie des cartes géographiques, où le Saint-Père donne les audiences générales. Aujourd'hui encore, plus de six cents personnes, la plupart étrangères, se trouvent réunies. Deux de mes compatriotes, occupant à Marseille une position distinguée, viennent se placer près de moi. Le Saint Père fait, comme la première fois, le tour de la salle. Lorsqu'il est devant moi, je lui présente une petite brochure, sur *le Denier de Saint Pierre*, en demandant une bénédiction toute particulière pour l'auteur. — « C'est juste, c'est très-juste, » me répond le Saint Père avec sa bonté ordinaire. — Mon voisin, M. D., assure que, durant ce dialogue, Pie IX s'est appuyé sur lui, ce qui lui a permis d'écrire à sa mère qu'il avait eu l'insigne honneur d'être pendant quelques instants le soutien de l'Église. Je n'ai connu que plus tard cet incident, absorbée que j'étais par la figure radieuse de Pie IX. Une petite allocution, dont voici à peu près le texte, termine cette audience :

« Mes chers enfants,

« Dieu est riche en miséricorde; il est riche aussi en justice; « assurément il ouvre ses bras au pécheur; mais il exige de ce « pécheur un retour, une douleur sincère, à l'appui et comme « complément de ce repentir, l'accomplissement fidèle de tous les « devoirs que sa conscience lui prescrit. Ces devoirs, il est souvent « utile de les envisager du regard, pour les faire passer ensuite « dans la vie pratique. « L'homme ne vit pas seulement de pain, « mais de toute parole qui sort de la bouche de Dieu. » C'est pour- « quoi je ne vous quitterai pas sans rompre avec vous le pain de « la parole. Le sublime et touchant Evangile que je lisais ce matin « va m'en fournir le sujet ..

« Deux hommes se rendaient dans un bourg voisin de Jérusalem, « et, chemin faisant, ils causaient de cet événement extraordinaire « qui venait de s'y passer. Ils parlaient, comme tout le peuple, de « la Passion, du Crucifiement de Notre Seigneur, de sa sépulture, « de cette tombe maintenant vide, de cette résurrection; ils en par- « laient avec la tiédeur d'une foi hésitante, n'osant rien nier, n'osant « rien affirmer. Mais ils parlaient de Jésus, et Jésus était au milieu « d'eux, comme il est toujours avec ceux qui s'entretiennent de « lui. Un troisième pèlerin venait, en effet, se joindre aux disciples « d'Emmaüs, et ils avaient poursuivi ensemble leur route jusque « sur le soir. Jésus voulut alors les quitter et les laisser prendre « seuls leur repos, mais eux avaient trouvé tant de charme et de « douceur dans cette divine présence, qu'ils ne purent consentir à « cette séparation... — *Mane nobiscum Domine*. Seigneur, dirent- « ils, demeurez avec nous, car il se fait tard. — Ils sentaient que la « lumière allait leur manquer, qu'ils allaient rester dans les

« ténèbres : — Seigneur, le soleil tombe, le jour va finir, demeurez « donc avec nous. — Et Jésus, qui n'avait pas d'autre désir, s'assit « avec eux au festin; à la fraction du pain, les disciples le recon- « nurent; ils demeurèrent confondus, mais lui disparut.

« Ah! comme les disciples d'Emmaüs, demandons à Notre Sei- « gneur de demeurer avec nous. Nous sommes enfoncés sous les « ruines du péché; les ténèbres de l'ignorance nous environnent; « prions le Ciel de ne pas nous abandonner; que deviendrions-nous « seuls? Elevez la voix pour vos familles après l'avoir élevée pour « vous-mêmes, afin que *Jésus* habite au milieu d'elles, qu'il les sou- « tienne et les console dans le pèlerinage de la vie. *Mane nobiscum,* « etc. Seigneur, demeurez au milieu des familles, mais surtout de- « meurez au milieu des sociétés, demeurez au milieu des nations; « il se fait tard, bien tard; des ombres épaisses couvrent le monde, « parce que le monde vous a abandonné. Ah! Seigneur, demeurez « avec nous... »

Et les yeux du Pontife vénéré se sont remplis de larmes, et sa voix a trahi une émotion bien profonde que toute l'assistance a partagée. Il a quitté l'assemblée en appelant sur elle toutes les bénédictions du Ciel.

« Je vous bénis dans vos âmes et je vous bénis dans vos corps; « pour les uns, je demande l'éloignement du péché; pour les autres, « l'éloignement de la maladie. Je vous bénis dans vos familles, et « dans vos familles je bénis plus spécialement ceux qui souffrent « davantage. Je vous bénis tous pour le présent, je vous bénis sur- « tout pour l'heure suprême et dernière. »

Nous nous retirons heureux et satisfaits, emportant avec nous un gage de sanctification et de salut.

Mardi 14.

Nous sommes au pied du large escalier de cent quatre-vingt-quatre marches, qui conduisait autrefois au Capitole et conduit aujourd'hui à l'église d'*Ara-Cœli*. C'est avec bonheur que nous saluons la Croix qui domine son clocher. Que reste-t-il donc de tous ces souvenirs de gloire et de puissance? Où sont ces triomphateurs et ces poètes de l'antiquité? Un peu de poussière; quelques noms écrits dans l'histoire, et c'est tout Le chrétien a d'autres espérances, et la Croix qui a sauvé le monde est le grand signe de sa Rédemption

Les colonnes qui ornent l'intérieur de l'église d'*Ara-Cœli* sont des restes du temple de Jupiter. Deux anciennes chaires en mosaïque attirent l'attention du visiteur, ainsi que plusieurs tombeaux en marbre; les fresques qui ornent les chapelles sont des ouvrages de maître.

Il y a dans le transept une chapelle particulière, au milieu de laquelle est un autel en porphyre formé par un sarcophage antique, qui rappelle l'apparition à Auguste d'une sybille lui annonçant la naissance du Christ. Cet autel, élevé par ses soins, fut destiné à en perpétuer le souvenir.

Un couvent de religieux Franciscains est attenant à l'église d'*Ara-Cœli*. On y conserve, entre autres objets précieux à la piété, une statuette de l'Enfant Jésus, vulgairement nommée *il Santo Bambino*, qui fut faite en bois du jardin des Oliviers par un moine, et que saint Luc peignit durant son sommeil.

Elle est exposée à la vénération des fidèles, le jour de l'octave de Noël. A cette époque, on voit de petits enfants venir prêcher la naissance du Christ devant le *Santo Bambino*. Il est porté également aux malades qui désirent le prier chez eux, et des guérisons miraculeuses font quelquefois éclater sa puissance.

Nous redescendons l'escalier de l'*Ara-Cœli*, pour monter celui qui conduit à la place du Capitole. Au premier degré de la rampe, on voit deux lions en basalte qui jettent de l'eau par la bouche. Au sommet de l'escalier sont les statues colossales en marbre de Castor et de Pollux, avec leurs chevaux; et sur la même ligne, celles de Constantin et de son fils, ainsi que la colonne milliaire de Vespasien et de Nerva. Au milieu de la place est la statue équestre de Marc-Aurèle; c'est la seule statue en bronze qui nous vienne de l'antiquité.

La place du Capitole est entourée de trois bâtiments : le palais du Sénateur, celui du Conservateur et le Musée du Capitole. Dans l'escalier qui conduit à ce dernier, on remarque les fragments du plan de Rome antique, découverts dans le temple de Rémus, au Forum

Nous parcourons tour à tour la salle des bustes des Empereurs romains; celle des Philosophes; celle du Faune, du Gladiateur mourant, où les marbres de toute espèce rappellent les grands hommes de l'antiquité et les chefs-d'œuvre de la statuaire; celle des Colombes et des Masques, ainsi nommée à cause de deux belles mosaïques trouvées dans les Catacombes. Dans un cabinet réservé est exposée la fameuse Vénus du Capitole, considérée comme une merveille de l'art.

De la place du Capitole, on descend par deux rues vers le *Forum Romanum*. En suivant celle de gauche, qui est un escalier, on arrive bientôt à la prison *Mamertine*. C'est avec un sentiment profond de respect que nous pénétrons dans cette cave humide où furent détenus, par les ordres de Néron, les deux grands Apôtres Pierre et Paul. On voit encore la source qui jaillit miraculeusement lorsque saint Pierre baptisa ses geôliers, Procès et Martinien, qui peu après reçurent le martyre.

Voilà donc où a vécu et où a souffert le Chef de cette grande hiérarchie qui gouverne l'Église et qui trône aujourd'hui au Vatican dans la personne de Pie IX. Le plus humble des hommes a servi de souche à cette grande institution.

Une petite église, dédiée à Saint-Joseph, occupe le dessus de la prison Mamertine.

Les ruines du Forum romain s'étendent tout autour : ce sont des tronçons de colonnes de marbre jetées çà et là ; des vestiges de temples et d'autels dont les inscriptions rappellent l'origine. La fameuse colonne de Phocas est ce qui reste de mieux conservé de ce monument célèbre, rendez-vous de plaisirs et d'affaires des Romains.

A côté s'élèvent plusieurs temples chrétiens. Nous remarquons d'abord l'église dédiée à sainte Martine, vierge et martyre, dont le corps est conservé dans une crypte, sous un superbe autel. On lit contre les murs d'antiques inscriptions fort curieuses, entre autres celle qui atteste que l'architecte du Colysée fut un chrétien du nom de Gaudentius. Un peu plus loin, c'est l'église des saints martyrs Cosme et Damien, bâtie sur les ruines du temple de Romulus et Rémus, et dont l'abside est ornée d'une très-ancienne mosaïque du plus grand intérêt comme œuvre d'art.

A quelques pas se trouve l'église de Saint-Laurent *in miranda*, qui fut le temple d'Antonin et de Faustine. Nous voyons ensuite les ruines du temple de la Paix, qui fut, dit-on, le plus remarquable édifice de Rome.

L'église de Sainte-Françoise-Romaine occupe l'emplacement du temple de Vénus, souillé par tant de crimes. Le Dieu du Calvaire, qui s'immole chaque jour sur ses autels, a expié les forfaits des hommes : l'expiation a tout régénéré.

Nous entrons dans la *Voie sacrée*, dominée par le mont Palatin, et nous foulons aux pieds les ruines du palais des Césars, acheté par l'Empereur des Français au Roi de Naples, pour y faire faire des fouilles. Il offre l'image d'un cercueil dont on extrait les ossements. Çà et là gisent par terre des débris de statues antiques, la plupart mutilées, des fragments de marbre rares et précieux, des mosaïques, des pans de murs, des dalles. Tout est ruine autour de soi, et l'on éprouve, en les contemplant, le froid de la mort qui anéantit toute chose en ce monde.

Après cette journée de fatigue passée au milieu des ruines, nous faisons une petite halte dans l'église du *Gesu*, où le Père Hyacinthe donne un sermon de charité en faveur de l'Œuvre du Refuge. L'éloquent orateur charme et émeut son auditoire par le récit commenté de l'Évangile de la Magdeleine, si fécond en belles et consolantes leçons.

Mercredi 15.

Nous commençons cette journée par une visite à la chambre de saint Ignace, dans la Maison-Mère des Jésuites. Le Révérend Père Becks, général de l'Ordre, dont l'humilité égale la science, veut bien dire la messe. Que de souvenirs réunis dans ce petit oratoire! C'est là que sont morts saint Ignace, le grand fondateur de l'ordre des Jésuites, et saint François de Borgia. Saint Louis de Gonzague et saint Stanislas Kotska prononcèrent leurs vœux sur les marches de cet autel; saint Charles Borromée et saint François de Sales y ont offert le sacrifice de la messe. Comment ne pas prier avec ferveur dans un lieu sanctifié par la prière de saintes âmes! Nous avons le bonheur d'y vénérer leurs reliques les plus précieuses: et c'est après avoir pris une ardeur nouvelle pour le bien, que nous quittons ce sanctuaire embaumé du parfum de tant de vertus.

Des zouaves, recueillis et prosternés, nous ont édifiés par leur piété. Pendant notre séjour à Rome, nous n'avons cessé d'admirer leur tenue dans les églises. Leur dévouement est à toute épreuve; ils sont toujours prêts à combattre et supportent vaillamment toutes les misères qui accompagnent nécessairement la vie de garnison.

L'après-midi nous ramène au Vatican, que nous visitons dans ses détails. Nous revoyons la chapelle Sixtine où Michel-Ange nous rappelle sans cesse; et, du reste, il faut de longues heures pour détacher tous ces chefs-d'œuvre de ce grand ensemble.

Nous entrons dans la partie du palais occupée par la Bibliothèque, la plus riche du monde en manuscrits de toutes les langues, conservés dans des armoires adossées au mur. Dans une salle, on voit tous lés présents des Souverains aux Papes : ce sont des objets d'art d'un grand prix.

Le Musée sacré renferme une intéressante collection d'objets antiques : ustensiles des premiers chrétiens, instruments des martyrs, peintures, mosaïques, bas-reliefs, provenant pour la plupart des Catacombes.

Un peu plus loin est le corridor des Inscriptions gravées sur des plaques de marbre et remontant aux époques les plus éloignées.

Plusieurs Musées de sculpture antique se succèdent les uns aux autres, et nous nous arrêtons surtout pour admirer le *Torse du Belvédère*, qui est un fragment d'*Hercule en repos*; le célèbre groupe du *Laocoon*, trouvé dans les jardins de Titus; le *Mercure* et surtout l'*Apollon du Belvédère*, reconnu comme la plus belle œuvre de la statuaire antique.

Après avoir traversé la grande galerie des Cartes géographiques, ainsi nommée parce que les différentes parties du monde sont peintes sur les murs, on arrive dans le salon des tapisseries de Raphaël, exécutées sur les dessins du grand maître, sous le pontificat de Léon X.

L'aile gauche du Vatican, où se trouvent les appartements du Pape, a été construite par Raphaël lui-même, et on y remarque un grand nombre de ses peintures. Ses fameuses *Loges* sont au second étage, et elles sont ornées de fresques exécutées, d'après les dessins du grand artiste, par Carravaggio.

Le Musée de peinture ne contient qu'une quarantaine de toiles, qui sont toutes des chefs-d'œuvre. Je citerai, entre autres : la *Madona del Foligno*, le *Couronnement de la Sainte Vierge après son Assomption*, la *Communion de saint Jérôme*, du Dominiquin, la *Transfiguration*, de Raphaël.

Après avoir traversé la cour Saint-Damase, nous reprenons ce magnifique escalier de marbre, bien digne de faire l'ornement d'un palais, et nous ne tardons pas à nous retrouver sous les portiques de la place Saint-Pierre

Jeudi 16 avril.

Pie IX reçoit aujourd'hui en audience les hommes seuls, à l'occasion d'une adresse que les étrangers ont voulu lui présenter avant leur départ. Elle a été lue par M. Benoist d'Azy. Le Pape y a répondu par quelques chaleureuses paroles. Voici les principales idées, demeurées gravées dans la mémoire des auditeurs :

« L'Eglise a ses heures de joie et de triomphe ; mais la persécution, les épreuves sont principalement de son essence. Sans doute, comme vous le dites, il y a de grands motifs d'espérance, l'union des catholiques autour de la chaire de Dieu, leur dévouement inépuisable ; la confiance en Dieu ; les promesses d'immortalité ; mais il est dit aussi que l'Eglise souffrira. Il ne faut donc pas s'endormir. Voyez David : il a eu ses heures de puissance, il se vit ensuite tout à coup abandonné par les siens, et même par Absalon qui se révolta contre lui. Le triomphe arriva ensuite, mais à quel prix : entr'autres douleurs. David vit périr Absalon, son fils aîné, suspendu à un arbre et percé d'une lance. L'Eglise triomphera un jour, comme David; mais au prix de grandes épreuves peut-être! »

Les préparatifs du Concile se font activement; tout sera prêt, dit-on, pour le 8 décembre 1869. Rome est toujours la ville des sciences; on y rencontre plus qu'ailleurs ces hommes exceptionnels qui vivent dans les bibliothèques, pâlissent sur les livres, et qui à l'occasion savent s'imposer à l'admiration des vrais savants. Je n'en citerai que deux : le père Secchi, astronome distingué, dont la fameuse horloge a été si admirée à l'Exposition de Paris, et le père Bolinger, théologien consommé, qui connaît à fond trente-cinq langues, bien qu'il n'ait pas encore quarante ans. On peut dire de lui qu'il parle comme un livre, toutefois avec une modestie à la hauteur de son rare mérite.

Nous sortons de Rome pour aller visiter *Saint-Laurent hors des murs*, une des sept basiliques qui renferme le tombeau et tous les grands souvenirs du martyre de ce saint. Nous vénérons la pierre sur laquelle reposa le gril, qui porte encore des traces de son supplice. De nombreux martyrs reposent dans ce lieu béni. On descend par la crypte dans les catacombes de sainte Cyriaque; à l'entrée se trouve un autel privilégié d'indulgences pour les morts.

Le grand cimetière moderne des Romains est tout à côté. Des forçats y sont occupés à creuser des fondations de monuments funèbres. Pie IX a fait placer au centre une chapelle pour y déposer provisoirement les morts. Nous remarquons le tombeau que le général de Charette a fait construire pour sa femme, née de Fitz-James. Il a la forme d'une chambre des catacombes et les mêmes peintures y sont reproduites.

De là nous nous dirigeons vers *Sainte-Agnès hors des murs*, où le Souverain Pontife va chaque année prier en action de grâce d'avoir été préservé de mort dans un accident qui mit en ce lieu sa vie en danger Un plafond s'écroula sous lui au moment où il distribuait des prix aux jeunes élèves d'un collège de Propagande, et ils tombèrent tous dans un cellier, sans que personne n'eût aucun mal. Le Saint-Père portait sur lui une tabatière en cristal sur laquelle était peinte l'image immaculée de Marie : la tabatière se brisa au point même de la tête de la Vierge et en forme de rayons lumineux. Pie IX a conservé religieusement ce souvenir.

C'est dans l'église de Sainte-Agnès que se fait chaque année, le jour même de sa fête, la touchante cérémonie de la bénédiction des agneaux dont la laine sert à faire les *pallium*, qui sont ensuite donnés aux évêques des différentes parties du monde.

Ce jour-là j'ai eu le bonheur de baiser la main de Pie IX, que chacun pressait avec respect, et qu'on se transmettait naïvement

c

de l'un à l'autre, comme le feraient des enfants avec leur père. La foule se pressait pour recevoir la bénédiction de son vénéré Pontife, acclamé de toute part comme le meilleur des rois et le plus saint des hommes.

Quelques pas plus loin, nous visitons l'antique église de *Sainte-Constance* qui a la forme d'une rotonde ornée de fresques très-anciennes, puisqu'elles remontent à l'empereur Constantin, son fondateur.

Les catacombes de Sainte-Agnès s'étendent tout autour, au milieu des ruines et des souvenirs de l'antiquité païenne.

Nous rentrons dans Rome par la porte *Pia*. La voie que nous suivons est jonchée de branches de buis, comme cela se pratique à Rome les jours de fête et lorsque le Saint-Père est attendu sur un point précis. Des arcs de triomphe sont dressés sur son passage.

Vendredi 17.

Jour de pluie, que nous commençons par une visite à *Mater Admirabilis* de la Trinité-des-Monts, ce sanctuaire privilégié où l'on rêve du ciel, tellement les bruits de la terre paraissent éloignés. Nous voyons dans la maison la Mère de Bouchaud, supérieure, et madame Philippani, jeune et intéressante religieuse du Sacré-Cœur, romaine d'origine, qui nous charme par l'affabilité de son caractère, sa vive et sympathique nature.

Malgré une pluie battante, nous nous rendons dans l'après-midi au Palais Farnèse, où François II nous donne audience. C'est là qu'il attend, à l'ombre du Vatican, que les rigueurs du sort, moins sévères pour lui, le rendent au royaume que ses ennemis lui ont ravi. Il nous reçoit avec bonté et bienveillance, cause avec nous quelques instants, heureux de se consoler avec des Français sympathiques à sa personne et à sa cause, des injustices et des trahisons de ses propres sujets.

Samedi 18.

Le soleil se lève radieux pour éclairer notre dernier jour à Rome. Nous tâchons d'utiliser le mieux possible notre temps. Nous parcourons les principaux quartiers de la ville en calèche découverte. En traversant le Tibre, nous jetons un dernier regard sur la citadelle du Fort Saint-Ange, surmontée de la statue de l'archange saint Michel, qui domine la ville avec son épée flamboyante. Nous saluons le prince des apôtres dans sa magnifique basilique, et nous pénétrons dans le Transtevère, qui comprend toute la région située au-delà du Tibre. C'est dans ce quartier que se conservent le mieux les vieilles traditions et le type le plus pur de la race romaine. Mais tout dégénère, et l'on cherche en vain ces physionomies à caractère dont les peintres d'Italie nous ont retracé l'image.

Une chose nous choque également, ce sont ces linges constamment suspendus aux fenêtres des maisons, et qui donnent à ce quartier l'aspect d'un pauvre faubourg.

L'île du Tibre, si célèbre dans l'histoire ancienne, est occupée aujourd'hui par l'hospice de *Saint-Jean-de-Dieu*, qui rend à l'humanité de si grands services dans la personne des vieillards.

Le Transtevère fut pendant longtemps habité par les juifs. On appelait alors ce quartier le *Ghetto;* mais aujourd'hui ce cantonnement exclusif n'existe plus.

La *Longara* est la plus longue rue du Transtevère. Nous la quittons pour nous arrêter à *Sainte-Marie in Cosmedin*, située sur la place *della Bocca della Verità*, qui conserve le mieux la forme primitive des basiliques. On y voit une image de la Sainte Vierge qui fut apportée de l'Orient, après avoir été ravie à la fureur des iconoclastes. C'est une curieuse production de la peinture byzantine.

Nous descendons dans la crypte, qui reçut le sang de plusieurs martyrs pendant les persécutions; on voit encore la pierre sur laquelle sainte Cyrille fut égorgée.

Grâce à un véhicule, qui nous fait franchir la ville d'un bout à l'autre, nous disons adieu à Saint-Paul hors des murs, dont la magnificence nous a éblouis, et nous nous dirigeons vers la place des Thermes pour y admirer l'église de *Sainte-Marie-des-Anges*, construite par Michel-Ange sur l'emplacement des thermes de Dioclétien. Elle est attenante au couvent des Chartreux, qui la desservent. Ses belles colonnes de marbre, d'une hauteur imposante, son pavé en mosaïque, ses peintures et ses fresques en font une église vraiment artistique.

Une petite merveille d'expression est la statue de saint Bruno, à laquelle il ne manque que la parole, si les règles de son ordre lui permettaient de parler.

A 4 heures, nous sommes de nouveau au Vatican, où Mgr Negrotto, camérier secret du Saint-Père, nous a promis une audience particulière. Après une heure d'attente, Pie IX veut bien nous admettre, ou plutôt il vient nous trouver, car ses instants sont comptés, et c'est une vraie faveur que de pouvoir lui dire adieu, la veille de notre départ. Cet adieu est celui d'un père qui a pour ses enfants un amour de charité qui les fait aimer en Dieu et pour Dieu. Ce adieu signifie : soyez heureux, je vous bénis; soyez fidèle à tous vos devoirs de chrétien; devenez des saints, comme tout ici vous y invite, et un jour nous nous reverrons au Ciel. Pie IX nous parla aussi de notre Pasteur bien-aimé; et le nom de Mgr Place fut prononcé avec le plus affectueux sourire de sympathie.

Nous nous retirons le cœur ému, emportant dans notre souvenir ce sourire, ce regard et cette parole suave qu'il est impossible d'oublier jamais.

Rentrés à la *via Monterone*, nous songeons sérieusement aux préparatifs du départ, qui doit avoir lieu le lendemain matin à 6 heures. Que de regrets en quittant Rome! Plus on connaît cette ville de souvenirs, plus on fouille dans son passé, plus on étudie ses œuvres immortelles, et plus on admire, car c'est l'histoire vivante de l'Eglise dans toute la grandeur de ses œuvres.

Nous n'avons pu qu'effleurer Rome artistique, car le but de notre voyage était avant tout un pèlerinage.

Ces notes ne sont guères que des impressions religieuses. Je les compléterai plus tard, si Dieu le veut, quand je serai mieux identifiée avec les richesses enfouies dans ce sol fécond.

L'esprit, le cœur, l'âme doivent gagner à un séjour prolongé à Rome. La jeunesse peut y trouver un aliment pour ses aspirations comme pour ses espérances, et l'âge mûr un avant-goût du Ciel.

AMÉLIE DU BOISSET.

Mont-Robert, le 10 juin 1868.

(Extrait de la *Revue de Marseille*, Juillet 1868).

Marseille. — Typ. Veuve Marius OLIVE, rue Paradis, 68.

www.ingramcontent.com/pod-product-compliance
Lightning Source LLC
LaVergne TN
LVHW010309230826
846091LV00007BB/2787

* 9 7 8 2 0 1 1 2 7 6 8 1 0 *